AF237408

Montpellier

lieben lernen

Der perfekte Reiseführer für einen unvergessli-chen Aufenthalt in Montpellier inkl. Insider-Tipps und Packliste

Yvonne Weers

✈ INHALT

Vorwort

Montpellier ist eine junge Studentenstadt mit drei Universitäten und vier Hochschulen. Eine Stadt, die historisch viel zu bieten hat und auch für Museumsliebhaber interessant ist.

Eine Stadt, die einerseits aufgrund der Architektur alt wirkt, andererseits aber stetig wächst, modern und futuristisch ist. In diesem Buch zeige ich Ihnen sämtliche Attraktionen in Montpellier, die Sie als Tourist gesehen haben sollten. Außerdem werde ich Ihnen einiges zu den Unterkünften in und um Montpellier erzählen und Ihnen zusätzlich Informationen zu den Arten von Unterkünften in der Region geben.

In diesem Reiseführer habe ich mich nicht nur auf die Stadt Montpellier beschränkt, sondern werde Ihnen auch von den umliegenden Regionen berichten. Diese sind von wundervollen bergigen Landschaften, wilden Pferden und Flamingos und weiteren Tierarten geprägt.

Auch Tipps für einen Strandbesuch und diesbezügliche Empfehlungen werden Sie nachfolgend finden. Natürlich erfahren Sie auch etwas über die Geschichte der prachtvollen Studentenstadt Montpellier. Diese geht zwar nicht so weit zurück in die Vergangenheit, wie dies bei vielen anderen französischen Städten der Fall ist, hat aber dennoch historisch einiges zu erzählen. Montpelliers Relevanz im Laufe der Geschichte ist ebenfalls sehr interessant, um verstehen zu können, warum verschiedene Kirchen und Gebäude an bestimmten Stellen der Stadt ihren errichtet wurden.

Diese Informationen gepaart mit Insidertipps über Mobile-Home-Campingplätze, Restaurants, Spezialitäten, Strände und Einkaufscenter, werden Sie begeistern. Und hoffentlich werden all diese Informationen Sie dazu bringen, den nächsten Urlaub in der Region Montpellier anstatt auf Mallorca oder Sylt zu verbringen. Natürlich beinhaltet dieser Reiseführer auch Tipps und Vorschläge für Ihre Anreise in die französische Ferienregion. Ich garantiere Ihnen, dass dieses Buch von großem praktischem Nutzen für Touristen und Besucher ist und Sie aufgrund der Tipps wenige Probleme im Urlaub haben werden. Ihnen wird dieses Buch mit Sicherheit gefallen und Sie werden erkennen, wie viele unbekannte, aber doch schöne Orte es ganz in der Nähe gibt.

Montpellier-Noch nie gehört?!

„Montpellier? Kenne ich nicht!"

Solche Aussagen hört man schon des Öfteren, wenn man sich mit einigen Leuten über die Sommerferien und den Urlaub unterhält. Und wenn der Name der Stadt dem Gegenüber doch mal bekannt vorkommen sollte, dann hört man oft Aussagen wie die folgenden: „Schon mal gehört, aber nur von der Fußballmannschaft." oder: „Schon mal gehört, aber nie dort gewesen." Ich kann nur sagen, dass Sie wirklich etwas verpasst haben, sollten Sie Montpellier nicht kennen und noch nie dort gewesen sein.

Aber lassen Sie uns doch mit einigen Informationen zur Stadt beginnen, damit Sie wissen, über welche Region wir hier sprechen. Sie haben sich anhand der Aussprache des Stadtnamens „Montpellier" bestimmt schon gedacht, dass es sich mit hoher Wahrscheinlichkeit um eine französische Stadt handelt.

Und mit dieser Überlegung liegen Sie genau richtig! Montpellier befindet sich im Süden Frankreichs in unmittelbarer Nähe der Mittelmeerküste. Genau genommen liegt die Stadt nur etwa ca. 10 km von dieser entfernt und gehört in der dortigen Region zu den größten Städten Frankreichs. Zusammen mit den Einwohnern der Vororte, die touristisch betrachtet ebenfalls gut besucht sind, zählt Montpellier ca. 400.000 Einwohner.

Montpellier gehört zur Region Okzitanien/ Languedoc-Roussillon und befindet sich im Département Hérault. Die französischen Départements können mit den Bundesländern in der Bundesrepublik Deutschland oder mit den Kantonen in der Schweiz verglichen werden. Für die Heidelberger unter Ihnen, die diesen Reiseführer lesen, könnte noch interessant sein, dass Montpellier mit Ihrer Stadt seit 1961 eine Städtepartnerschaft führt. Es gibt in Heidelberg das Montpellier-Haus, in dem man sich als Besucher touristische Informationen über

Montpellier und die Umgebung einholen kann. Das Montpellier-Haus besitzt zudem einen beachtlichen Weinkeller und es werden Zimmer für Studenten aus Montpellier, die in Heidelberg die Universität besuchen, vorgehalten. Das primäre Ziel des Hauses ist es, Werbung für die Stadt Montpellier zu machen, indem regionale Erzeugnisse und weitere Dinge der Region vorgestellt werden. Es gibt viele Projekte im Montpellier-Haus in Heidelberg, die zur Stärkung der fast 60-jährigen Städtepartnerschaft dienen sollen.

Doch nun zurück zu dieser wunderschönen südfranzösischen Stadt, um die es ja hier eigentlich gehen soll. Das dortige Klima ist sehr mediterran. Es gibt warme und heiße Sommer und einen milden Winter. Die Jahresdurchschnittstemperatur liegt bei ca. 14 Grad Celsius, während die mittleren Tageshöchsttemperaturen in den Sommermonaten Juni, Juli und August 25 – 28 Grad Celsius betragen.

Im Juli hat ein Tag durchschnittlich 12 Sonnenstunden, man kann also seine Vitamin D3- Kapseln beruhigt zu Hause lassen, wenn man sich im Sommer nach Montpellier begibt. Der kälteste Monat hingegen ist der Januar mit einer Durchschnittstemperatur von ca. 6 Grad Celsius. Dennoch muss man sagen, dass sich die Temperaturen im Winter aufgrund des Klimawandels doch eher im Bereich um 10 Grad Celsius bewegen. Im Winter kommt es, anders als im Sommer, auch mal zu Niederschlägen, die den dort wachsenden Pflanzen und Bäumen zugutekommen.

Die Wassertemperatur an den Stränden, die sich in der Nähe von Montpellier befinden, beträgt zur Saisonzeit, also von Juni bis ca. September 19 – 23 Grad im Durchschnitt. Doch an einigen Tagen im Sommer kann es auch mal vorkommen, dass die Wassertemperatur mal 28 Grad Celsius beträgt. Man kann mit Gewissheit sagen, dass man im Sommer immer eine Garantie auf sommerliches und warmes Wetter und angenehme Wassertemperaturen hat. Über die Bade- und Strandangebote sowie touristische Attraktionen werde ich Ihnen in Kapitel 4 noch ausführlich erzählen.

Weiter oben hatte ich bereits die Vororte Montpelliers erwähnt. Von diesen gibt einige sehr ruhige, in denen man sich auch als Tourist in Camps oder in einem Mietshaus niederlassen kann. Diese Vororte sind meistens geprägt von landwirtschaftlichen Betrieben, Höfen, Weinbauern. Zum Teil findet man dort auch Strände, Häfen und Fischerbetriebe. Aber auch Wälder und kleine dorfähnliche Siedlungen sind in einigen Vororten keine Seltenheit. Zu nennen sind hier z.B. Lattes, Palavas-les-Flots, Juvignac, Mauguio, Pérols, Carnon und viele weitere Orte, deren Aufzählung den Rahmen dieses Reiseführers sprengen würde. Ich erwähnte am Anfang auch bereits, dass einige Leute den Fußballverein Montpellier HSC kennen.

Doch nicht nur die in der Ligue 1 spielende Fußballmannschaft Montpelliers ist stets erfolgreich und populär, sondern auch der Montpellier Hérault Rugby Club hat besonders auf nationaler Ebene Relevanz und spielt in der Ersten Liga. Rugby ist ein Sport, der in Frankreich eine große Popularität genießt und auch an Schulen gelehrt wird. So gut wie jedes Lycée (Schulen in Frankreich, zu der nur die Klassen 9 bis 12 gehen) hat einen Rugbyplatz und einen Rugbyclub.

Für die jungen Leser, die der französischen Sprache in Wort und Schrift mächtig sind, gibt es an dieser Stelle nun eventuell einige interessante Informationen. Montpellier ist nach Paris, Toulouse und Aix-en-Provence eine der größten Studentenstädte Frankreichs und beherbergt mehr als 60.000 Studenten. Das macht ungefähr ein Viertel der ganzen Stadtbevölkerung aus. Es gibt drei Universitäten in Montpellier: Die Université Montpellier I, die sich auf Rechts-, Verwaltungs- und Wirtschaftswissenschaften sowie auf Ökologie, Medizin und Pharmazie fokussiert. Die Université Montpellier II spezialisiert sich hauptsächlich auf naturwissenschaftliche Fachbereiche und die Université Montpellier III, auch Université Paul-Valery genannt, deren Schwerpunkt eher auf Fremdsprachen sowie auf Geistes- und Sozialwissenschaften liegt.

Für ausländische Studenten, also auch diejenigen aus Deutschland, die das hier eventuell lesen, werden dort Französischkurse angeboten. Montpellier ist also wie seine deutsche Partnerstadt Heidelberg auch eine Studentenstadt, die sehr lebenswert ist und akademisch betrachtet viel zu bieten hat.

Neben den drei Universitäten von Montpellier gibt es auch noch vier Hochschulen, die sich jeweils auf Chemie, Agrarwissenschaften, Betriebswirtschaftslehre und evangelische Theologie spezialisieren. Für eine Stadt mit 285.000 Einwohnern (bzw. 400.000 Einwohnern, wenn man die Vororte miteinberechnet) hat Montpellier unter akademischen Gesichtspunkten gesehen mehr zu bieten als gewisse Städte, die größer und bevölkerungsreicher sind. Zudem haben die Universitäten in Montpellier auch Partnerschaften mit Universitäten in Deutschland. Somit haben Studenten im Rahmen ihres Studiums die Möglichkeit, Montpellier auf kostengünstige Art und Weise für einen längeren Zeitraum kennenzulernen.

Nun kommen wir aber zur Verkehrsanbindung, die für Sie als potenzieller Tourist Montpelliers bestimmt von Bedeutung ist. Montpellier ist in Besitz eines eigenen, an der Küste gelegenen Flughafens, der den Namen Aéroport International de Montpellier Méditerranée trägt. Für die Touristen aus Deutschland und der Schweiz gibt es diverse Auswahlmöglichkeiten an Flügen. Diese starten von Berlin Tegel (mit easyJet), Düsseldorf (mit Germanwings), Frankfurt (mit der Lufthansa) und München (mit der Lufthansa und mit Volotea). Die genannten Fluggesellschaften bringen Sie binnen weniger Stunden nach Montpellier.

Des Weiteren besitzt Montpellier natürlich einen Bahnhof, der an eine Schnellfahrstrecke angebunden ist und Sie in 3 Stunden und 19 Minuten nach Paris bringt. Sollten Sie also in Dortmund, Essen, Düsseldorf, Köln oder Aachen wohnen, könnten Sie den Thalys in Richtung Paris-Nord nehmen, umsteigen und von dort aus mit dem TGV nach Montpellier fahren. Wenn man nur die reine Fahrzeit in Betracht zieht, ist diese Strecke sogar kürzer als die Fahrt mit dem Auto. Von München aus müsste man ebenso wie aus Nordrhein-Westfalen ca. 1100 –

1200 Kilometer fahren, von Berlin ungefähr 1500 Kilometer. Das mag für den ein oder anderen deutschen Urlauber vielleicht nach viel klingen, doch werden Sie in den folgenden Kapiteln sicherlich sehen, dass diese „lange" Reise lohnenswert ist und einen Mehrwert für jedermann bietet.

Die Geschichte der Stadt

In diesem Kapitel werde ich Ihnen etwas über die Geschichte und die historischen Bauten Montpelliers erzählen. Noch dazu habe ich Tipps für geschichtsbegeisterte Menschen, die immer auf der Suche nach neuem historischem Wissen sind.

Anders als viele andere französische Städte wird Montpellier urkundlich erst im Hochmittelalter erstmals erwähnt. Genau genommen geschah dies am 26. November 986. Graf Bernard de Melgueil (heute Mauguio) überschrieb Wilhelm III. Land für seine selbstlosen Verdienste in der dortigen Region. Dieses Land befand sich zwischen den Flüssen Lez und Mosson, die auch heute noch durch Montpellier fließen. Da Montpellier am Mittelmeer lag und mit dem Hafen in Lattes, der heute ein Vorort von Montpellier ist, in dem sich oft Urlauber in Mobil-Home Camps niederlassen, eine ausgezeichnete Lage zwischen Italien und Spanien besaß, wuchs die Stadt zu einem bedeutenden Handelspunkt heran.

Somit siedelten sich viele Menschen verschiedenster ethnischer und religiöser Herkunft in Montpellier an, beispielsweise Muslime, Juden und nach einiger Zeit auch Protestanten. Auch viele verschiedene Händler suchten den Weg nach Montpellier und blieben in der Stadt. Es waren Goldschmiede, Tuchmacher und Kaufleute, deren Namen man noch heute in der historischen Altstadt Montpelliers als Straßen- oder Gassennamen vorfindet.

Es gibt heute noch Straßen, beispielsweise die Via Domitia nach Santiago de Compostela, die zu damaligen mittelalterlichen Zeiten als Pilgerweg diente. Die Kirche Notre-Dame des Tables, die ganz im Stil des Barocks gebaut wurde, diente den Pilgern als wichtige Station. Man kann die Kirche heutzutage immer noch bewundern und den Baustil dieser Epoche auf sich wirken lassen.

Doch auch die Vertreibung der Juden und Muslime von der iberischen Halbinsel durch die spanisch-katholischen Kreuzritterheere ließ Montpellier nicht unberührt.

Es wurden Hospitale und karitative Einrichtungen für Flüchtlinge und Verwundete gebaut. Zudem errichtete der Stadtrat Conrad, der Legat des Papstes Honorius III. war, die medizinische Schule Montpelliers, die mit der Zeit einen legendären Ruf erreichte. Im Jahre 1289 verlieh Papst Nikolaus IV. der medizinischen Schule in Montpellier den Status einer Universität. Diese wurde zu einer Universität, die mit der Zeit von der jüdischen, der arabisch-islamischen und der christlichen Kultur geprägt wurde.

Im Jahre 1349 verkauft König Jakob III. von Mallorca Montpellier an König Phillip VI. von Frankreich und somit an die über Frankreich herrschende Dynastie. Nachdem Montpellier in Besitz der französischen Dynastie fiel, wurde sie nach Paris zur zweitwichtigsten Stadt Frankreichs. Heutzutage findet man auch noch die 1963 eingeweihte Statue vom Sonnenkönig Ludwig XIV. Diese steht in einer Art kleinem Park, der bestens geeignet ist, um als Besucher dort zu Entspannen oder spazieren zu gehen. Direkt vor dem Park befindet sich der l'Arc de Triomphe, der das Wahrzeichen der Eroberung

Montpelliers durch den französischen König Ludwig XIII. ist. Ja, Sie haben richtig gehört, auch in Montpellier gibt es einen l'Arc de Triomphe. Paris ist nicht die einzige Stadt mit einem „Triumphbogen", wie ihn viele Deutsche auch nennen.

Da dieses Buch ein Reiseführer und kein Geschichtsbuch ist, machen wir nun einen Sprung in das uns etwas näher liegende 19. Jahrhundert. Die Stadt Montpellier erfuhr in dieser Zeit einen wirtschaftlichen Aufschwung, der unter anderem durch die Industrialisierung herbeigeführt wurde. In den 60er- und 70er-Jahren kamen viele aus Algerien stammenden Menschen nach Montpellier, um dort zu arbeiten und ließen binnen kürzester Zeit die Bevölkerungsanzahl in die Höhe schießen. In den Folgejahren erfuhr Montpellier immer mehr internationale Einflüsse, die noch bis heute bemerkbar sind. Wenn Sie das erste Mal Montpelliers Innenstadt betreten, werden Sie sicherlich bemerken, dass alle Gebäude noch älter als gründerzeitliche Bauten sind. Die meisten Häuser, egal ob am Place de la Comédie (dem zentralen Platz der Stadt) oder in den Nebengassen, sind mit Stuck und alten Verzierungen versehen. Das liegt daran, dass die Stadt in den Weltkriegen nicht durch den Bombenhagel zerstört wurde. Ein wahrlich wundervoller Anblick, wenn man die alten Häuser, die heute moderne Läden, Kiosks, Cafés oder Imbisse beherbergen, sieht.

In der Stadt findet man an jeder Ecke etwas Neues. 50 Kirchen und Kapellen und 80 Stadtpalais mit Sandsteinfassaden und Stuck befinden sich in Montpellier. Die älteste Kirche ist die Cathédrale St. Pierre, die aus dem 14. Jahrhundert stammt und sich in unmittelbarer Nähe zur medizinischen Universität befindet. Im gotischen Stil erbaut, sieht die Kathedrale nahezu schon aus wie eine Festung. Ein Besuch im Innern der Kirche lässt jedoch eine recht trübsinnige Atmosphäre aufkommen. Auch das älteste jüdische Bad befindet sich in Montpellier und ist auf Anfrage zu besuchen. Der jüdischen Tradition zufolge reinigen sich Frauen zehn Tage nach ihrer Menstruation in diesem Bad.

Der höchste Punkt der Stadt befindet sich an der 1688 von den Architekten Davillier, Giral und Donnat entworfenen Promenade du Peyrou. Dies ist der bereits erwähnte kleine Park, in dem sich die Statue von Sonnenkönig Ludwig XIV. befindet.

Eine weitere Sehenswürdigkeit in diesem Park ist das Château d'Eau. Dies stammt aus dem Jahr 1768. Das Château d'Eau verfügt über ein großes Trinkwasserbecken, aus dem die verschiedenen Brunnen im tiefer gelegenen Teil des Parks mit

Wasser versorgt werden. Gespeist wird das Trinkwasserbecken aus dem 14 km langen und ebenfalls sehr sehenswerten Aqueduc de Saint-Clément. Wunderschön anzusehen ist das Aquädukt besonders abends im Dunkeln, wenn es blau angeleuchtet wird.

In unmittelbarer Nähe und zu Fuß nur ca. 3 min bergabwärts befindet sich der älteste botanische Garten Frankreichs, der kostenfrei besucht werden kann. Dieser wurde 1593 errichtet. Direkt beim l'Arc de Triomphe befindet sich ebenfalls ein weiteres sehr altes, mit Stuck verziertes und machtausstrahlendes Gebäude. Es besitzt sechs Säulen und fällt Ihnen sicherlich direkt ins Auge, wenn Sie daran vorbeigehen. Es ist das Verwaltungsgericht von Montpellier. Auch der zentrale Place de la Comédie und die dort ansässige Oper aus dem Jahr 1888 sind einen Besuch wert. Diesen Platz werden Sie mit Sicherheit auch passieren, wenn Sie die Altstadt Montpelliers besuchen. Allein der erste Eindruck dieses Platzes vermittelt ein gar herrliches Gefühl und eine Atmosphäre, die einen in der Zeit zurückreisen lässt. Denn verglichen mit vielen Städten in Deutschland hat Montpellier zahlreiche Häuser und Bauten mit Verzierungen, die sich mehrere Jahrhunderte lange bewährt haben und immer noch voll funktionstüchtig sind.

Das macht Montpellier aus

Montpellier ist eine Stadt, die für die Region Okzitanien und generell für Südfrankreich typisch ist, auch wenn der spanische Einfluss hier größer ist als beispielsweise in Nizza.

Es gibt eine Vielzahl von Dingen, die sind einfach typisch für Montpellier. Doch einiges, beispielsweise das Essen und die Mentalität sind nicht nur charakteristisch für Montpellier, sondern für die gesamte Region Okzitanien bzw. Südfrankreich im Allgemeinen. Doch fangen wir mit Montpellier an. Wie bereits erwähnt, ist die Stadt dafür bekannt, drei Universitäten zu besitzen. Aufgrund der hohen Anzahl an Studenten ist Montpellier eine sehr jung gebliebene Stadt, in der es übrigens auch die zweitgrößte Gay-Community in Frankreich gibt. Montpellier ist auch über die Grenzen Frankreichs hinaus bekannt und beliebt.

Menschen aus aller Welt kommen beispielsweise als Touristen oder als Studenten in die Stadt. Außerdem ziehen viele Menschen nach Montpellier oder in die Vororte, denn schließlich gehört die Stadt zu den lebenswertesten in ganz Frankreichs und wurde auch einige Male zur schönsten Stadt des Landes gekürt. Und das ganz zu Recht, denn die Stadt Montpellier ist für Studenten, Urlauber und natürlich die Einheimischen der perfekte Ort.

Die historische Altstadt mit ihren stuckverzierten Gebäuden, gepaart mit dem modernen Fun-Viertel namens Odyssee, das schnell an vergleichbare Komplexe in den USA erinnert – das ist einfach eine unglaubliche Mischung. Hinzu kommt noch die neue Architektur, die besonders signifikant für die wachsende Stadt ist. Am Fluss in Montpellier, dem Lez, entstehen zum Beispiel viele neue Gebäude, u.a. Restaurants, die zum modernen Stadtbild beitragen. Von den neuen Bauten fallen die futuristischen

Gebäude am meisten ins Auge. Das neue L'hôtel de ville (zu Deutsch „Das Rathaus") befindet sich in unmittelbarer Nähe zum Hauptbahnhof. Es hat eine Aluminiumfassade, deren Farbe die Meeresoberfläche darstellen soll. Auf diese Weise möchten der Architekt und die Stadt Montpellier den Einheimischen, den Studenten und den Urlaubern die unmittelbare Nähe zum Mittelmeer verdeutlichen.

Ebenfalls sehr sehenswert sind die prachtvollen Landsitze (im Französischen Folies genannt), die einige aristokratische Familien im 18. Jahrhundert errichtet haben. Das Château Flaugergues ist beispielsweise noch immer im Familienbesitz der ehemaligen Aristokratenfamilie und auch buchbar für Besichtigungen.

Außerdem befinden sich dort ein Weingeschäft und ein Bistro, das für alle Besucher geöffnet ist. Ein weiteres Gebäude, das Sie sich unbedingt anschauen sollten, ist das L'Arbre Blanc, was zu Deutsch so viel wie „der weiße Baum" bedeutet. Dies das Erste der zwölf geplanten modernen „folies Montpellierennes". „Der „weiße Baum" mit 50 m Höhe birgt auf 17 Etagen Wohnungen, eine Galerie für zeitgenössische Kunst und zwei Lokale: ein Restaurant im

Erdgeschoss und eine Panoramabar im 17. Stock." [1]

All diese verschiedenen Bauten, historisch und modern, stehen in Montpellier dicht beisammen, prägen auf ihre eigene Art und Weise das Stadtbild und machen diese Stadt zu etwas ganz Besonderem.

Kommen wir nun zu den Vororten, die ja auch zu Montpellier und der umliegenden Region gehören. Die Vororte wirken gar wie eigene kleine schöne Dörfer, die man übrigens auch vorzüglich besuchen und mit dem Fahrrad erkunden kann. Dort befinden sich oft idyllische Cafés und Bäckereien. Auch die Vororte haben natürlich ihre Besonderheiten. Der Baustil ist typisch für Südfrankreich. Am häufigsten zu sehen sind charakteristischen südfranzösisch-okzitanischen Eigenheime und Villen in den Farben Gelb, Beige und Orange.

Diese sind ausgestattet mit Innenhöfen, in denen sich meistens ein Garten, ein Pool, Palmen, Feigen- oder Zitrusbäume befinden. Auch wenn die Beschreibung dieser Häuser pompös klingen mag, so sehen diese dennoch schlichter aus als man zunächst denkt. Zudem kostet ein solches Eigenheim genauso viel, vielleicht aber auch weniger als ein Eigenheim in einer deutschen Großstadt. Die Vororte sind

---

[1] https://meinfrankreich.com/montpellier/

zumeist geprägt von Feldern, Wäldern, Seen und den kleinen, für die Region typischen, Aleppokiefern. Rund um Montpellier wird viel Landwirtschaft betrieben, wobei Viehzucht und Weinanbau am meisten vertreten sind.

Einige Vororte, beispielsweise Carnon, La Grande-Motte oder Palavas-les-Flots, befinden sich direkt am Meer und verfügen über Hafen und Strand. In diesen drei Orten kann man sich bei verschiedenen Campingplätzen ein „Mobile-Home" mieten und die dortigen Angebote wie den oft nahegelegenen Strand und die dazugehörige Strandpromenade nutzen. In Palavas-les-Flots zum Beispiel können Sie drei Strände, eine Kirmes und die Altstadt besuchen, die übrigens auch zum Essen und Kaffee trinken einlädt.

Die Mobile-Home-Campingplätze sind in Südfrankreich und besonders in den Vororten von Montpellier sehr weit verbreitet und eine kostengünstige Alternative zu einer Ferienwohnung oder einem Hotel. Das Preis-Leistungs-Verhältnis ist gut und das Mieten von Mobile-Homes ist nur zu empfehlen.

Nun möchte ich Ihnen von einigen typischen Dingen aus der Region, die aber auch auf Montpellier und die Vororte zutreffen, berichten. Sehr bezeichnend für diese Region ist der bereits schon erwähnte

Weinanbau. Gefühlt an jeder Ecke sieht man Weinreben und etwas weiter im hügeligen Hinterland erstrecken sich die Weinberge. Fahren Sie doch in Ihrem Urlaub mal für einen Tag etwas weiter ins Inland und besichtigen Sie die Weinberge. Zu diesem Zweck gibt es extra Besichtigungstermine für Touristengruppen. Die Weinregionen Frankreich sind in Besitz des Labels „Vignobles & Découvertes", das für den Weintourismus in Frankreich steht. In Montpellier gibt es zum Beispiel das bereits erwähnte Weingut Château de Flaugergues, das einen guten Ruf bei den Bewohnern und Besuchern genießt.

Neben dem regionalen Wein gibt es natürlich auch eine typisch südfranzösisch- okzitanische Küche. Besonders auf die Küche und die Gastronomie können Montpellier und die Region stolz sein. In der Region stehen die vielen edlen Produkte mit ihrer ausgezeichneten Qualität immer an erster Stelle. Käse, Oliven, Wein, Trüffel und viele weitere Dinge findet man allesamt auf den Märkten der Stadt oder der Vororte.

Auch in Hypermarchés findet man all die Dinge, die typisch für die Region sind. Ich kann Ihnen in dieser Hinsicht wärmstens empfehlen, Ihren kulinarischen Horizont zu erweitern und vielleicht mal einen der vielen gastronomischen Betriebe aufzusuchen, um Essen zu gehen. In vielen Restaurants findet man auch spanische Spezialitäten, beispielsweise die populäre Paella. Diese wird besonders in Dörfern am Meer oft serviert.

Die südfranzösische Küche bedient sich gern ihrer regionalen Produkte und ist daher von Kräutern, Fisch und Meeresfrüchten wie beispielsweise den „Moules" (Miesmuscheln) geprägt. Doch auch Olivenöl, Meersalz, Schnecken und der „Moutarde" (der Senf), der sowohl aus der Region als auch aus Dijon stammt, sind in der südfranzösisch-okzitanischen Küche beheimatet.

Zwei typische Gerichte der südfranzösischen Region Languedoc sind Cassoulet und Brandade de morue. Cassoulet ist eine Art Eintopf, der in einem Keramiktopf zubereitet wird und aus weißen Bohnen, Speck, gepökeltem Schweinefleisch und Würstchen besteht. In manchen Teilen des Languedoc werden auch Gans, Ente oder Lamm hinzugegeben. Das Gericht erfreut sich in ganz Frankreich einer großen Beliebtheit.

Die Brandade ist eine Püreespeise, die sowohl in Südfrankreich als auch in Spanien verzehrt wird. Sie besteht aus Fisch, Kartoffeln und weiterem Gemüse, außerdem aus Kräutern und Olivenöl. Die Brandade de morue ist eine Spezialität aus Nîmes, einer Stadt, die in der Region Montpelliers liegt. Diese Art der Brandade ist ein Püree aus Stock- und Klippfisch. All diese Spezialitäten finden Sie in sämtlichen Restaurants der Region, ganz egal ob in Montpellier oder in den Vororten.

Sie werden schnell feststellen, dass Essen in Südfrankreich nicht gleich Essen ist. Die Tischkultur dort ist mit der deutschen nicht zu vergleichen. Sie werden dies selbst bemerken, wenn Sie beispielsweise am frühen Abend mal nach Palavas-les-Flots oder in die Altstadt von Montpellier fahren, wo sich die meisten Restaurants befinden. Die Leute kommen um diese Uhrzeit meistens dorthin, um essen zu gehen, Kaffee zu trinken und sich einfach zu unterhalten.

Der Franzose an sich ist von der Mentalität nahezu das Gegenteil eines Deutschen. Franzosen sind stets freundlich, gelassen und mögen es, mit Touristen zu sprechen, auch wenn sich dies manchmal schwierig gestaltet. Bei Tisch bleiben die Franzosen lange sitzen und unterhalten sich über alle erdenklichen Themen. Die Franzosen investieren in puncto Essen auch viel mehr als manche Deutsche. Sie geben mehr Geld für Nahrung aus und besuchen häufiger Restaurants, um dort zu essen. Auch Sie als Tourist werden sich bei dieser entspannten Atmosphäre in einem Restaurant sicherlich wohlfühlen und schnell merken, dass die Franzosen eine ganz besondere Mentalität haben. Unterhalten Sie sich doch mal für eine Weile mit den Einheimischen über verschiedene Themen.

Auch wenn viele Franzosen heutzutage natürlich über einen gewissen englischen Wortschatz verfügen, ist es dennoch nicht verkehrt, wenn Sie eventuell auch ein bisschen Französisch sprechen. Die Menschen, die im Süden Frankreichs leben, haben einen leichten, ganz eigenen Akzent, der aber im Gegensatz zu anderen französischen Akzenten gut zu verstehen ist. Und auch, wenn Sie kein Französisch sprechen sollten, klappt es irgendwie immer mit der Verständigung. Und seien Sie versichert – die Gelassenheit des Südens und der Franzosen werden Ihnen nach Ihrem ersten Urlaub dort mit Sicherheit in Erinnerung bleiben.

Eine weitere Eigenheit der Einheimischen oder besser gesagt aller Menschen, die im Süden leben ist, dass sie sich im Hochsommer meistens nur früh morgens und dann erst wieder ab dem späten Nachmittag bis weit in die Nacht hinein draußen aufhalten. Mittags wird je nach Uhrzeit Siesta gehalten oder gearbeitet. Und das natürlich nur drinnen, beispielsweise im Büro und nicht draußen auf

Baustellen o.ä. Denn beispielsweise auf Baustellen wird meistens morgens gearbeitet.

Wie Sie sich wahrscheinlich denken können, ist dieser Rhythmus den hochsommerlichen Temperaturen geschuldet und ich kann ihnen nur empfehlen, sich diesem Rhythmus – wenn möglich – anzupassen. Besonders Spaziergänge in der Altstadt können im Hochsommer bei heißen Temperaturen ziemlich anstrengend sein und für manch einen Deutschen, der solch eine Hitze nicht gewohnt ist, unangenehm werden. Mein persönlicher Tipp für extrem heiße Tage (die es in Montpellier besonders Anfang August gibt): Gehen Sie früh morgens zum Strand, mittags beispielsweise zum Pool Ihres Hotels und abends wieder zum Strand oder in die Altstadt von Montpellier oder anderer umliegender Vororte.

Was ich abschließend noch erwähnen möchte ist, dass die Art der Menschen in Montpellier anders ist als die der Südfranzosen, die beispielsweise in Marseille oder Nizza leben. In Montpellier, Perpignan und weiteren Städten der Region Okzitanien kann man auch am Verhalten der Einheimischen viele spanische Einflüsse erkennen. Sie werden die entspannte Mentalität der Südfranzosen aber mit Sicherheit mögen und sich schnell anpassen.

Was Sie unbedingt machen sollten

Nun komme ich aber zu den Dingen, die für Touristen meist am interessantesten sind: Tipps, Insider und viele weitere Dinge, die Sie in Ihrem Urlaub direkt umsetzen können.

Mein erster Tipp an Sie lautet: Nehmen Sie einen Fotoapparat mit und machen Sie Bilder. Es lohnt sich wirklich, die schönen alten Gebäudefassaden, die Kirchen, das Meer und auch viele weitere Orte zu fotografieren und zu Hause aufzuhängen, auszudrucken oder einfach mal auf Instagram zu teilen. Besonders Familienfotos oder Schnappschüsse mit

Freunden eignen sich bestens als schöne Erinnerungen.

Ebenfalls ans Herz legen möchte ich Ihnen den Train Touristique (Le Petit Train de Montpellier). Man kann eine Fahrt mit dieser Bimmelbahn direkt am Place de la Comédie mieten. Mit dieser fährt man durch die ganze Altstadt und bekommt währenddessen mittels Audio-Guide Informationen zu den jeweiligen Plätzen, Kirchen, Gebäuden und der Stadt an sich. Der Audio-Guide ist auf Deutsch, Englisch, Französisch und auf vielen anderen Sprachen verfügbar. Die Bahn endet nach einer ca. 40-minütigen Fahrt wieder am Place de la Comédie. Während der Fahrt bekommt man auch viele Tipps für einen Besuch in der Altstadt.

Für weitere Tipps können Sie außerdem das Office de Tourisme direkt am Place de la Comédie aufsuchen und sich kostenlose Stadtkarten mitnehmen. Meistens sind auch deutschsprachige Mitarbeiter vor Ort, die Ihnen bei Bedarf weiterhelfen können.

Besuchen Sie Montpellier auf jeden Fall auch mal am Abend, denn zu dieser Tageszeit erwacht die Stadt zu neuem Leben und zeigt sich nochmals von einer komplett anderen Seite. Der Place de la Comédie wird beispielsweise in Blau beleuchtet, was durchaus sehens- und empfehlenswert ist. Auch die schon bereits erwähnten alten historischen Gebäude der Altstadt sind definitiv einen Besuch wert. Wenn es die Gegebenheiten zulassen, sollten Sie an einer Führung durch die Kirchen oder den l'Arc de Triomphe teilnehmen. Ein weiterer Ort, den Sie besuchen sollten, ist das Musee Fabre.

Dieses Kunstmuseum mit hohem Standard und ausgezeichneten Kunstwerken ist ein Muss für alle an Kunst interessierten Urlauber. Auch das Pavillon Populaire, ein Museum für Fotografie, das direkt am Place de la Comédie gelegen ist, kann man Besuchern, die sich für diesen Themenbereich interessieren, nur ans Herz legen. Für die geschichtsbegeisterten Urlauber unter Ihnen ist auch das Musée du Vieux Montpellier (zu Deutsch „Das Museum des alten Montpellier") sehr zu empfehlen.

Montpellier bietet sehenswerte Attraktionen für alle Altersgruppen und Interessengebiete. Urlauber, die sich für Kunst und Kultur, Geschichte oder auch für Architektur interessieren, bekommen in Montpellier sozusagen ein Rundumpaket. Eine weitere Sache, die Sie unbedingt unternehmen sollten, ist ein Sonntagsspaziergang in Montpellier. Besuchen Sie den Trödelmarkt in den versteckten Gassen oder suchen Sie einen Mann namens Mathieu Gabard. Er trägt einen Hut und nennt sich „Poète Public", was zu Deutsch so viel wie „öffentlicher Poet oder Dichter". Nennen Sie ihm ein Wort oder ein Thema und er wird Ihnen dazu ein Gedicht schreiben. Auch eine Segway-Tour durch Montpellier bietet sich an. Diese ist im Internet buchbar und dauert 1,5 Stunden.

Wenn Sie regionale Produkte kaufen und damit Landwirte unterstützen möchten, dann besuchen Sie den Marché des Arceaux. Dort kann man saisonales Obst und Gemüse aus der Region Hérault kaufen. Auch in Carrefour, einer internationalen Hypermarché-Kette, werden viele verschiedene Produkte aus der Region angeboten. Waren wie Keramik, Backerzeugnisse, Fleisch und täglich frisch gelieferter Fisch sind dort ebenfalls zu finden.

Ein Tipp: Kaufen Sie sich den besonders populären und geschmacklich hervorragenden Kuchen „Mille Feuille" (zu Deutsch „Tausend Blatt"). Bestehend aus Blätterteig, einem Topping aus Zuckerglasur und Vanillepudding zwischen dem Teig ist der „Mille Feuille" eine der beliebtesten Backwaren. Außerdem gibt es noch das Eclair (zu Deutsch „Blitz"), das auch Sie sicherlich kennen und natürlich die typisch französischen Croissants und Schokobrötchen, die kaum zu vergleichen sind mit denen deutscher Bäcker!

Auch Getränke, Süßigkeiten und Milchprodukte, die es zum Beispiel in Deutschland nicht gibt, können Sie dort kaufen und auch mit nach Hause nehmen. Falls Sie in solch einem großen, fremden Laden nicht klarkommen sollten, gibt es auch Lidl und Aldi in Frankreich. An dieser Stelle sollte erwähnt werden, dass Carrefour mit keiner Supermarktkette in Deutschland wirklich vergleichbar ist, außer vielleicht mit Kaufland oder Real.

Carrefour eine Kette, bei der man als Käufer alles bekommt, was man benötigt. Selbst Elektronik und Backwaren gehören zum Angebot des Supermarktes. Auch ein Einkauf für Familienmitglieder oder Freunden in der Heimat können Sie bei Carrefour gut tätigen. Ansonsten bieten sich zu diesem Zweck aber auch die vielen kleinen Lädchen in der Altstadt von Montpellier oder den Vororten an. In diesen können Sie beispielsweise regionale Seifen, Öle oder auch einfach Postkarten mit Bildern der Landschaft kaufen.

Was bei einem Urlaub in Südfrankreich natürlich nicht fehlen darf, sind die Strandbesuche. Ich möchte Ihnen nun drei Strände vorstellen, die sich in der Nähe von Montpellier befinden.

Der erste Strand nennt sich „Plage du Grand Travers/ Plage du Petit Travers". Dieser befindet sich in dem am Meer gelegenen Vorort La Grand-Motte. Dies ist ein sehr naturbelassener, breiter und nicht allzu überlaufener Strand, der trotzdem sehr beliebt ist, auch bei einigen Touristen. Der Strand ist besonders für Familien und Personen, die nicht gut schwimmen können, sehr geeignet.

Der Grund dafür ist die Tiefe des Wassers. Sie können bis zu 200 Meter weit hinausschwimmen, ohne im wahrsten Sinne des Wortes den Boden unter den Füßen zu verlieren. Außerdem können Sie sich dort auch Strandliegen mieten. Diese befinden sich jeweils in einem separaten Bereich, in welchem Sie auch Speisen und Getränke bestellen können. Ein kleiner Tipp für Ihre Urlaubskasse: Südfrankreich ist in dieser Hinsicht sehr kostspielig.

Als gute Alternativen können in diesem Fall vielleicht auch eine Decke, ein Sonnenschirm und Getränke aus der altbewährten Kühlbox dienen. Für einen Strandbesuch lohnt es sich, früh aufzustehen, denn ab ca. 13.00 Uhr gestaltet sich die Parkplatzsuche meist recht schwierig. Sie können den Strand von Montpellier aus auch mit den öffentlichen Verkehrsmitteln erreichen. Der Strand verfügt über eine Bushaltestelle, von der aus ein Bus nach Montpellier fährt. Außerdem gibt es in den Dünen und an den Eingängen zum Strand, wie an vielen anderen

Badeorten auch eine Dusche, um sich nach dem Schwimmen vom Salzwasser zu reinigen. Dieser Strand bietet besonders für Familien und ältere Leute einen großen Mehrwert, da er sehr idyllisch ist.

Ganz anders hingegen ist der Strand in Palavas-les-Flots, der sich direkt neben dem Hafen befindet. Dieser Strand ist besonders bei Jugendlichen sehr beliebt. Im Gegensatz zum Plage du Grand Travers in La Grand-Motte ist dies ein Strand, der weniger idyllisch ist, sondern von der Art her eher einen typischen Stadtstrand darstellt. Doch die Lage des Strandes bringt natürlich auch viele Vorteile mit sich. Sie können beispielsweise sämtliche im Hafen verfügbaren Unterhaltungsangebote wahrnehmen. Sei es ein wilder Ritt auf einem Jet-Ski, das Ausleihen eines Bananenbootes oder ein Ausflug mit dem Boot – Sie finden sicherlich etwas, das Ihnen Spaß macht.

Zudem befindet sich in direkter Strandnähe die Altstadt von Palavas, in der viele empfehlenswerte Restaurants beheimatet sind. Wenn Ihnen also der Magen knurrt, dann nichts wie hin. Diese Restaurants arbeiten übrigens oft mit Fisch und regionalen Produkten. Ab dem späten Nachmittag beginnt der Ort aufzuleben. Die Leute kommen raus, gehen zum Strand, essen ein Eis oder trinken Kaffee. Manche von ihnen unternehmen auch eine Fahrt mit der Seilbahn, von der sich sowohl ein malerischer Blick auf den Horizont und das Meer als auch auf die Hügel und das bergige Hinterland bietet.

Am Strand befinden sich auch ein Fußball- und ein Volleyballfeld, an dem sich fast immer einige Personen sportlich betätigen. Ganz in der Nähe des bekanntesten Strandes von Palavas liegt noch ein weiterer Strand, der zum einen ausreichend Angebote für Besucher vorhält, zum anderen aber auch genügend Platz für Familien und Urlauber bietet, die sich entspannen möchten. Wenn Sie nach „Mobile-Home Palavas-les-Flots" suchen, werden Sie den Mobile-Home-Campingplatz finden, der direkt an diesem Strand liegt und für Familien und kleine Gruppen besonders geeignet ist.

Ein weiterer Strand, der auf jeden Fall einen Besuch wert ist, ist der Carnon Plage. Er befindet sich – wie der Name vielleicht schon erahnen lässt – in Carnon, einem Vorort am Meer. Dieser Strand bietet auch nicht ganz so viel Idylle wie der zuerst erwähnte Strand in La Grand-Motte. Dennoch ist auch dieser Strand für Familien und Gruppen gut geeignet und bietet eine relativ große Liegefläche. Dort sollten Sie jedoch relativ früh Ihr Lager für den Tag aufschlagen, da der Strand in der Saison ab den

Mittagsstunden schnell überlaufen ist. Grund dafür sind viele umliegende Camps sowie die zu Carnon gehörenden Wohnsiedlungen. Außerdem haben die Franzosen sehr lange Sommerferien, die sie natürlich auch am Strand verbringen möchten. Daher werden Sie am Strand womöglich nicht nur auf Touristen, sondern auch auf Franzosen aus Carnon, Montpellier und anderen Regionen des Landes treffen.

All diese Strände erreichen Sie von Montpellier aus in kürzester Zeit mit dem Auto. Auch Bus- und Bahnverbindungen sind vorhanden, dennoch ist die Anfahrt mit dem Auto um einiges komfortabler. Zudem können Sie sich die Landschaft von der Autobahn aus anschauen. Es ist einfach ein wunderschöner Anblick, wenn man wilde Flamingos und im Hintergrund das bergige Hinterland sieht!

Unterkünfte in Montpellier und im Umkreis finden Sie zu Genüge. Ich werde Ihnen im Folgenden vier Hotels, einige Ferienwohnungen und einen Mobile-Home-Campingplatz vorstellen, die hinsichtlich des Preis-Leistungs-Verhältnisses sehr empfehlenswert sind.

Ein sehr modernes Hotel mit Außenpool, Bar und Fitnesscenter ist das Vier-Sterne-Hotel Novotel Suites Montpellier. Während der Saisonzeiten bezahlen Sie um die 100 Euro pro Nacht. Das ist nicht allzu günstig, aber auch nicht übermäßig teuer und meiner Ansicht nach noch im akzeptablen Bereich.

Selbstverständlich kommt es natürlich auch auf Ihr Budget und auf die Anzahl Ihrer Familienmitglieder an. Apropos Familien: Das Hotel ist bei Familien sehr beliebt und gilt als überaus familienfreundlich. Die Anbindung an den öffentlichen Nahverkehr ist vorhanden und in kürzester Zeit zu Fuß zu erreichen. Das Hotel befindet sich direkt am Fluss Lez und gegenüber des Odysseums. Auch die Anbindung zum Flughafen wird von Touristen oft als hervorragend beschrieben.

Ein weiteres Hotel, das auch bei Google sehr gute Bewertungen bekommen hat, ist das Courtyard by Marriott Montpellier. Es ist ebenfalls ein modernes Vier-Sterne-Hotel mit Außenpool, Spa-Bereich und einem mediterranen Restaurant. Das Courtyard-Hotel befindet sich ebenso wie das bereits erwähnte Novotel Suites Montpellier am Fluss Lez. Auch hier ist die Anbindung an die öffentlichen Verkehrsmittel nicht weit entfernt und die Sehenswürdigkeiten der Stadt sind gut zu erreichen. Auch dieses Hotel ist beliebt bei Familien. Die Preise sind vergleichbar mit denen der Novotel Suites Montpellier.

Das letzte Hotel, das ich hier vorstellen möchte, befindet sich auch in Montpellier und trägt den Namen Crowne Plaza Montpellier. Es ist ebenfalls ein Vier-Sterne-Hotel und verfügt über einen Außenpool, Konferenzräume und ein Restaurant. Dieses Hotel bietet sich eher für Paare und Geschäftsleute anstatt für Familien oder Jugendgruppen an. Das Hotel ist zentral gelegen und somit sind der öffentliche Nahverkehr und der Flughafen gut zu erreichen.

Abgesehen von den Hotels bieten sich für Gruppen und Familien auch die bereits des Öfteren erwähnten Mobile-Home-Campingplätze an. Die sogenannten Mobile-Homes sind kleine Hütten mit ca. 30 Quadratmetern (manchmal mehr und manchmal weniger) und haben den Aufbau eines Campingwagens. Die meisten Mobile-Home-Plätze befinden sich in den Vororten von Montpellier und werden meistens von privaten Vermietern angeboten. Um ein solches Mobile-Home zu buchen, kann man die Websites der verschiedenen Campingplätze im Internet aufrufen und sich eines aussuchen, dass die eigenen Ansprüche erfüllt.

Es gibt Mobile-Homes für Paare, für kleine Gruppen und auch für Familien. Die Camps an sich besitzen in der Regel ein Freibad, einen kleinen Laden, in dem es alle möglichen Dinge zu kaufen gibt, und ein

Café mit Bar und Restaurant. Ich persönlich kann jedoch empfehlen, zu Carrefour oder zu Auchan zu fahren, um sich Lebensmittel zum Kochen dort zu kaufen.

Einer der besagten Mobile-Home-Campingplätze befindet sich in Lattes, einem Vorort, der nur ungefähr 8 km von Montpelliers Innenstadt entfernt liegt. Der Campingplatz ist ein Vier-Sterne- Mobile-Home-Campingplatz, heißt Le Lac des Rêves und befindet sich an einem Naturschutzgebiet. Zu diesem gehört ein See, der die Heimat vieler geschützter Fischarten ist. Mit Glück können Sie abends viele Fische dabei beobachten, wie diese im See herumspringen. Dies ist sehr sehenswert und ein tolles Naturschauspiel.

Im Lac des Rêves befindet sich ein Schwimmbad mit zwei Bädern und drei Rutschen, geeignet für alle Altersklassen. Direkt am Schwimmbad gibt es ein Restaurant mit Eisdiele und Bar. In der Bar können Sie natürlich Getränke bestellen, aber auch Minispiele wie Boxautomaten, Flipper oder Kicker können dort genutzt werden. Außerdem gibt es einen Laden, in dem man alles bekommt, was man benötigt. Wie Sie sich vielleicht denken können, sind die Preise dort nicht allzu günstig. Um in dieses „Fun-Areal" reinzukommen, muss sich jeder Besucher direkt nach der Ankunft einen Fun-Pass besorgen. Sie bekommen also eine Karte, die Ihnen dann Zutritt zu diesem Areal verschafft. Die Mitarbeiter an der Rezeption sprechen in der Regel Französisch, Englisch und Spanisch und können Ihnen weiterhelfen. Außerdem finden Sie dort viele Broschüren, in denen Attraktionen, Veranstaltungen und Sehenswürdigkeiten in der Region aufgelistet sind. Es gibt übrigens jedes Jahr zum Nationalfeiertag am 14. Juli ein prächtiges Feuerwerk im Camp. Auf jeden Fall ein Muss, falls Sie zu dieser Zeit dort Ihren Urlaub verbringen sollten!

Im Camp können Sie sich auch Fahrräder ausleihen. Es gibt dort Mountainbikes, Stadträder, Fahrräder für Kinder und Fahrräder für Eltern, die mit einem Kindersitz ausgestattet sind. Mit diesen können Sie beispielsweise nach Carnon, dem nächstgelegenen Ort mit Strand, fahren. Auch Radtouren nach Palavas oder Montpellier bieten sich an. Es lohnt sich zudem, einen Spaziergang außerhalb des Camps zu unternehmen.

Dort finden Sie schöne, sehenswerte Häuser. Außerdem es gibt einen Park, der mit einem Parkour, einem Basketball- und Fußballplatz sowie mit einem Spielplatz für Kinder ausgestattet ist. Von diesem Park aus hat man eine herrliche Aussicht über den

See und kann bis nach Palavas-les-Flots schauen und den großen Fernsehturm dort sehen. Ein kleiner Tipp: Auf dem Weg zum Park finden Sie unter anderem Brombeersträucher, deren Beeren Sie pflücken und mit zu sich nehmen können. Sie schmecken vorzüglich und vor allem ganz natürlich.

Wenn Sie vom Camp-Eingang aus die Straße entlanglaufen, finden Sie eine kleine Pferdekoppel. Dort bieten die Besitzer manchmal eine 30-minütige Tour auf einem Pferd oder einem Pony (für kleinere Kinder) an. Auch Einkaufsmöglichkeiten befinden sich in nächster Nähe. Mit dem Auto erreichen Sie innerhalb von fünf Minuten sowohl den Hypermarché Auchan als auch Lidl.

Auch Carrefour ist nicht allzu weit entfernt und mit dem Auto in ca. 10 Minuten erreichbar. Wenn Sie in die Innenstadt von Montpellier fahren möchten, ohne dafür Parkgebühr entrichten zu müssen, dann parken Sie einfach bei Carrefour auf dem Parkplatz und fahren mit der Tram bis nach Montpellier. Ich kann den Urlaub in einem Mobile-Home besonders für Familien und Jugendliche empfehlen, die viel unterwegs sind, nicht allzu viel Platz benötigen und/ oder sich generell verhältnismäßig wenig im Mobile-Home aufhalten. Verfügt man über das notwendige Kapital für eine größere Investition, kann man sich übrigens auch ein eigenes Mobile-Home kaufen und dieses selbst vermieten.

Freie, unbelegte Ferienwohnungen finden Sie überall in der Region und besonders oft in Vororten wie Carnon oder Palavas-les-Flots. Es gibt sowohl kleine als auch größere Ferienwohnungen. Doch Sie sollten stets beachten, dass Ferienwohnungen, die direkt am Meer liegen, relativ teuer sind und überlegen, ob sich ein Mobile-Home mehr lohnen würde.

Unterkünfte in der Gegend rund um Montpellier findet man nach einer kurzen Recherche im Internet. Auch Unterkünfte, die ein gutes Preis-Leistungs-Verhältnis haben, werden Ihnen bei Ihrer Suche angezeigt. Berücksichtigen Sie bei dieser unbedingt auch die Vororte. Ein Tipp meinerseits: Wechseln Sie eventuell auch mal die Mobile-Home-Campingplätze, denn genügend preiswerte Angebote gibt es bei diesen Unterkünften ja auf jeden Fall. Ich kann Ihnen beispielsweise einen zehntägigen Aufenthalt auf dem bereits erwähnten Lac des Rêves und im Anschluss daran einige Tage auf dem Mobile-Home-Campingplatz am Strand in Palavas empfehlen. Es kann ein bisschen Abwechslung bringen, wenn man in der zweiten Urlaubshälfte zum Beispiel den Strand direkt vor der Tür hat und diesen mit einem dreiminütigen Fußmarsch erreichen kann.

Am Ende dieses Kapitels möchte ich ihnen noch einige Dinge empfehlen, die Sie unbedingt kaufen und mit nach Deutschland nehmen sollten.

Auf jeden Fall nützlich sind die Kerzen. Diese sind zumeist groß und gelb und stehen in einem Porzellanteller. Zünden Sie diese Kerze draußen auf Ihrem Gartentisch an, hält diese störende Wespen und Mücken fern und Sie können beispielsweise Ihr Essen in Ruhe im Freien genießen. Bei Auchan und Carrefour können Sie Teller kaufen, oftmals in Türkis und mit mediterranen Mustern, die wirklich entzückend anzusehen sind. Auch schöne Gläser und hübsches Besteck gibt es dort. Ein Blick in diese Abteilung kann jedenfalls nicht schaden.

Was Sie auch unbedingt kaufen und mit nach Deutschland nehmen sollten, ist die typisch französische Mayonnaise. Sie enthält, anders als die in Deutschland bekannte Mayonnaise, etwas Dijon-Senf. Falls Sie es noch nicht wussten: Dijon ist übrigens die Senf-Stadt schlechthin in Frankreich. Der französische Senf ist auch sehr lecker und bietet Ihnen verglichen mit dem deutschen noch mal ein ganz anderes Geschmackserlebnis. Kaufen Sie doch einige Packungen und Gläser mit Mayonnaise, Senf oder gleich beidem und bringen Sie auch ihren Familienmitgliedern oder Freunden in Deutschland etwas davon mit. Auf Pommes oder einem Sandwich schmeckt die Mayonnaise äußerst lecker. Den Senf – insbesondere Senf mit Gewürzen oder mit Knoblauch und Dill, kann ich bei Fleisch empfehlen.

Und ich habe noch einen weiteren kulinarischen Tipp für Sie – diesmal aber leider keinen, den Sie auch mit in die Heimat nehmen können: Für diejenigen unter Ihnen, die Fische und Meeresfrüchte mögen, kann ich regionales Thunfischfilet empfehlen. Dies können Sie ganz frisch bei Auchan in der Fischabteilung kaufen. Am besten gönnen Sie sich dazu noch Shrimps oder andere Garnelen. Richtig zubereitet ist der Thunfisch eine wahre Gaumenfreude und der Geschmack ist in keinster Weise mit dem von Thunfischfilet aus der Dose zu vergleichen. Eine sehr schmackhafte und vor allem gesunde Speise, denn Thunfisch besitzt vergleichsweise wenige Kalorien und hat einen hohen Eiweißgehalt.

Wenn Sie Appetit auf etwas Deftiges haben, kann ich Ihnen die Merguez empfehlen. Es ist eine französisch-marokkanische Wurst, die Sie unbedingt probieren müssen. Der deutsche Gaumen wird diese Wurst mit Sicherheit mögen.

Als Nachtisch bieten sich in Frankreich natürlich die Crème brûlée oder aber Eis mit Crème brûlée an. Diese auch in Deutschland bekannte Creme ist eine

Speise, die einerseits als Nachtisch, andererseits auch als Snack gelöffelt werden kann und einen vorzüglichen Eigengeschmack innehat.

Auch sämtliche in Frankreich angebotene Fanta-Sorten sollten Sie unbedingt probieren. Sie können natürlich auch noch einige Flaschen mitnehmen und diese zu Hause trinken oder verschenken. Kinder haben sicherlich Freude an den Têtes brulées. Dies sind saure Bonbons, die mit den bei uns bekannten Center-Schock- Bonbons nicht vergleichbar sind. Aber: Diese sollten nicht auf leeren Magen gegessen werden!

Und wenn Sie in einem Hypermarché sind, schauen Sie sich doch einfach mal in Ruhe um. Sicherlich finden Sie noch andere Dinge, die Ihnen gefallen oder die Sie aus Deutschland nicht kennen und die daher Ihre Neugier wecken.

Ganz am Ende noch einen Tipp für den kleinen Geldbeutel: Kaufen Sie sich einfach mal ein Kebab-Menü oder ein kleines Baguette beim Bäcker, wenn Sie Hunger haben. Dann sparen Sie sich einen teuren Restaurantbesuch.

Die Region rund um Montpellier bietet einige Freizeitaktivitäten, die entweder recht unbekannt sind oder die man dort nicht unbedingt vermutet hätte. Nachfolgend werde ich Ihnen zwei Aktivitäten nennen, die Sie bislang bestimmt nicht mit dieser Region in Verbindung gebracht haben.

„Trace Adventures" heißt eine Freizeitattraktion in der Nähe von Saint-Guilhem-le-Désert. Dies ist eine okzitanische Gemeinde und liegt mit dem Auto ungefähr 45 Minuten von Montpellier entfernt. Man kann dort beispielsweise an Felswänden klettern, Höhlen erforschen und auch Canoying und Rafting werden angeboten. Besonders für waschechte Naturburschen und jung kräftige Leute ist das genau das Richtige. Auch diese Attraktion ist im Internet unter „Trace Adventures Saint-Guilhem-le-Désert" zu finden und buchbar.

In Aigues-Mortes, einem Vorort von Montpellier, können Sie eine Safaritour unternehmen. Ja, Sie haben richtig gelesen! Man fährt an Sümpfen vorbei, sieht wilde Flamingos und das Camargue-Bauernhaus, welches aus dem 16. Jahrhundert stammt und bis in die heutige Zeit erhalten ist. Dort befinden sich Stiere, Pferde und viele weitere Tiere. Die Tour führt durch Reis- und Pinienwälder und viele weitere schöne Dinge erwarten Sie. Buchbar ist diese Safaritour im Internet. Suchen Sie einfach mal nach „4x4 Safaritour Camargue".

Apropos Aigues-Mortes: Auch viele Städte und Orte außerhalb Montpelliers sollten Sie sich unbedingt anschauen. Denn diese haben einiges zu bieten. So zum Beispiel Aigues-Mortes.

Die kleine Festungsstadt ist ebenfalls ein Vorort von Montpellier, der einen Besuch wert ist. Aigues-Mortes ist eine historisch angehauchte Stadt, die im 13. Jahrhundert durch Ludwig den Heiligen gegründet wurde. Hier wird deutlich, dass Montpellier nicht der einzige Ort ohne antike Vergangenheit ist. Allerdings ist Aigues-Mortes noch nahezu drei Jahrhunderte jünger als Montpellier. Aigues-Mortes wurde gegründet, um den Handel mit den Italienern sowie den Arabern aus dem Orient aufblühen zu lassen. Aigues-Mortes war auch die erste Stadt Frankreichs, die einen Stadthafen besaß. Die Stadt an sich mit ihrem Hafen und den historischen Bauten ist heute noch sehr gut erhalten und besonders interessant für geschichtsbegeisterte Menschen.

Mit ihrem 1,6 km langen Festungswall strahlt die Stadt einen gewissen mittelalterlichen Charakter aus. Außerdem verfügt die Stadt noch zwanzig Türme, von denen der höchste, der Turm Constance, in früherer Zeit ein 30 Meter hohes Gefängnis war. Von diesem Turm aus kann man auf die wundervolle umliegende Landschaft blicken. Im Stadtzentrum befindet sich ein Brunnen, der zugunsten Ludwigs des Heiligen errichtet wurde – ein Platz, den Sie unbedingt besuchen sollten. Heute befinden sich dort auch viele Cafés, Restaurants und Terrassen mit kleinen Geschäften. Im Innern der Stadt befinden sich zwei Kirchen im Baustil des Barock, die Sie auch unbedingt gesehen und besichtigt haben sollten. Denn jeder, der Kirchen und Schlösser im Barockstil gesehen hat, kennt den herrlichen und prächtigen Anblick und kann an diesen Bauwerken kaum vorbeigehen, ohne innezuhalten und zu staunen. Planen Sie doch einfach mal einen Tagesausflug in diese wundervolle historische Stadt und schießen Sie einige Fotos. Ich bin mir sicher, Sie werden es nicht bereuen.

Auch die Stadt Sète, die des Öfteren „Venedig von Frankreich" genannt wird, ist mit dem Auto von Montpellier aus in kurzer Zeit zu erreichen. Sète besitzt den ältesten Fischereihafen des Landes und überzeugt seine Besucher mit dem großen Angebot an Meeresprodukten, die dort verzehrt werden können. Viele Altbauten und der große Berg „Saint Clair" prägen das Bild der Stadt. Sie können hier auch Bootsfahrten mieten.

30 Kilometer östlich von Montpellier und in der Nähe von La Grand-Motte befindet sich eine bekannte Hafenstadt namens „Le Grau-du-Roi". Dies ist ein bekannter Badeort, der feine Sandstrände bietet.

Außerdem gibt es dort einen malerischen Fischerhafen, der sich in der Nähe des populären und großen Yachthafens „Port Camargue" befindet. Der Yachthafen beherbergt 4600 Anlegeplätze und ist somit einer der größten Yachthafen des europäischen Kontinents.

Zudem ist Le Grau-du-Roi ein sehr renommierter und beliebter Ferienort, der aber von den Kosten her auch etwas teurer als die umliegenden Orte ist. Sowohl die Ferienwohnungen als auch die Häuser, in denen die Einwohner wohnen, sind in einer preislich etwas höheren Klasse angesiedelt. Dennoch kann ich Ihnen nur empfehlen, nach Le Grau-du-Roi zu fahren und dort eventuell schwimmen zu gehen und sich den Hafen anzuschauen.

Auch die Altstadt des Ortes ist sehr beeindruckend. Sehenswert sind zum Beispiel die Binnenteiche, die mit dem Meer verbunden sind und der alte Leuchtturm „L'Espiguette", der 1869 erbaut wurde. Dieser ist 24 m hoch und diente damals wie heute zur Sicherheit der Küste. Damals war der Leuchtturm nur rund 150 m vom Wasser entfernt, heute sind es bereits 700 m. Grund dafür waren Ablagerungen von Sand und die Meeresströmungen, die dem Turm zusetzten. Heute ist dieser als historisches Denkmal klassifiziert und aus komplett weißem Kalkstein gebaut. Ein Teil des Gebäudes sowie die Terrasse sind jedoch schwarz gestrichen. Erreichbar ist der Leuchtturm über einen Weg, der mit dem Fahrrad passiert werden kann und auch direkt zum Strand führt. Von dort aus hat man einen herrlichen Ausblick auf das türkisblaue Mittelmeer und den Yacht- und Fischerhafen.

In der Nähe der Altstadt von Le Grau-du-Roi gibt es ein Seeaquarium und ein Meeresmuseum. Dort kann man viele heimische Fischarten sehen. Dazu gibt es Museum, welches sich auf das Angeln spezialisiert hat und ein Zentrum, das eigens für die Erforschung und den Schutz von Meeresschildkröten errichtet wurde. Alle Museen und Aquarien sind ganzjährig geöffnet. Zu empfehlen sind auch Wanderungen, Fahrten mit dem Fahrrad oder Reitausflüge an der Küste entlang. Für Kinder und jüngere Besucher gibt es auch Freizeitparks, Freizeitschwimmbäder und Parks mit Hüpfburgen und vielen anderen Dingen, die den jungen Urlaubern Spaß machen.

Ebenfalls einen Besuch wert ist das Hérault-Tal. Ungefähr 20 Kilometer von Montpellier entfernt befinden sich die Schluchten, die zum UNESCO-Weltkulturerbe stehen. Der Fluss in den Schluchten kann im Sommer zum Schwimmen oder zum Kajak fahren genutzt werden. Der Blick ist wundervoll und einladend, um ein bisschen Natur und reine Luft zu genießen. In der Nähe befindet sich auch ein mittelalterliches Dorf, das man besuchen kann. Es heißt Saint-Guilhem-le-Désert. Sie erinnern sich vielleicht? Dies ist der Ort, den ich bereits im Kontext mit „Trace Adventures" genannt habe.

Saint-Guilhem le Désert ist ein mittelalterliches Dorf, das auf dem christlichen Pilgerweg, dem Jakobsweg, liegt. Es ist eines der schönsten Dörfer Frankreichs und besitzt auch eine sehr naturbelassene, wilde Umgebung, die für Wanderer und Mountainbiker besonders attraktiv ist. Die engen, schöne Gassen und der Platz mit der romanischen Kirche laden zu einem Tagesausflug ein.

Drei Kilometer von Saint-Guilhem-le-Désert entfernt befindet sich eine Höhle namens Clamouse. Dies ist eine Tropfsteinhöhle, die einen unterirdischen Fluss und eine Vielzahl von Sälen beherbergt. Diese können von Besuchern entdeckt werden und sorgen bestimmt auch bei Ihnen für Erstaunen. Diesen imposanten Ort sollten Sie unbedingt besuchen, wenn Sie in Saint-Guilhem-le-Désert sind. Der Ort um die Höhle herum trägt den Namen Saint-Jean-de-Fos – eine kleine Stadt, die ungefähr vierzig Kilometer von Montpellier entfernt ist. Auch hier handelt es sich um ein mittelalterliches Dorf, das aber vor allem für Oliven, Wein und die Töpferwaren, die dort seit dem Mittelalter verkauft werden, bekannt ist. Und auch heute noch werden zahlreiche Besucher von diesem Ort angelockt, um dort etwas zu kaufen und sich zu entspannen. Der Ort ist außerdem für die beeindruckende Landschaft, die ihn umgibt und sein schönes und prächtiges architektonisches Erbe bekannt.

All diese Ortschaften sind besonders für all diejenigen unter Ihnen, die sich für die Architektur des Mittelalters interessieren, ansprechend. Aber auch alle anderen Besucher werden sich sicherlich an diesen Orten erfreuen, denn diese bieten die Möglichkeit, einfach mal etwas Neues zu entdecken. Außerdem bietet es sich an, dort einen leckeren Wein zu trinken oder ein schmackhaftes Olivenöl zu probieren und zu kaufen. Die Landschaft lädt zum Wandern ein und macht einem mal wieder bewusst, wie schön unsere Welt doch eigentlich ist und wie viel es doch immer noch für uns zu entdecken gibt. Und wie nah manch Gegensätzliches doch beieinanderliegen kann:

Montpellier – eine Großstadt mit mehreren Universitäten und Hochschulen. Eine historische, aber auch moderne Stadt, die immer weiter wächst und sowohl für Einheimische als auch für Touristen und

Studenten etwas zu bieten hat. Einige Kilometer weiter Sète. Eine Hafenstadt, die nochmal ein komplett anderes Flair besitzt als Montpellier.

Und schließlich in Richtung Hinterland noch sehr alte und schöne Orte wie Aigues-Mortes oder Saint-Guilhem-le-Désert mit der wunderschönen umliegenden Landschaft. Und dann gibt es da ja noch die ganzen Vororte Montpelliers, die auch mit ihren Altstädten, Häfen und Stränden einladen. Auch vom Lebensstil her treffen hier zwei Welten aufeinander: Da sind einerseits die jungen, modernen Menschen, beispielsweise die Studenten. Und dann gibt andererseits die Älteren in den Dörfern lebenden Einheimischen, die ihre Heimat lieben und täglich auf Touristen treffen, die ihre Dörfer bereisen und anschauen.

Das Languedoc und besonders Hérault sind in puncto Landschaft, Architektur und Mentalität sehr vielseitig. Genau aus diesen Gründen ist es lohnenswert, die dortige Region für einen Urlaub zu bereisen.

Was Sie beachten sollten

Am Ende meines Ratgebers möchte ich Ihnen noch von einigen Dingen erzählen, die Sie unbedingt beachten sollten, wenn Sie in Südfrankreich oder in Montpellier Urlaub machen, studieren oder Freunde und Verwandte besuchen.

Ich habe Ihnen bereits einiges über Restaurants in der Region berichtet. Ich möchte aber diesbezüglich noch erwähnen, dass die Steuern auf das Essen in Frankreich etwas höher sind als in Deutschland. Daher ist es gut möglich, dass Sie sich wahrscheinlich beim ersten Blick auf die Preise erschrecken werden. Ein gutes Beispiel ist die Pizza Margherita, die um die 10 Euro kostet. Kebab hingegen ist etwas günstiger. Ich kann Ihnen nur empfehlen, dies bei der Planung Ihres Reisebudgets zu berücksichtigen. Vorteilhaft ist es natürlich auch, wenn Sie oder einer Ihrer Reisepartner über gute Kochkünste verfügt.

Denn dann können Sie sich aus den regionalen Produkten auch selbst leckere Mahlzeiten zaubern und genießen. Die Franzosen lassen sich übrigens von den Preisen nicht abschrecken, obwohl sie im Schnitt genauso viel verdienen wie wir Deutschen. Die Esskultur in Frankreich ist einfach anders und man setzt eher auf Qualität, anstatt auf Gerichte aus der Kategorie „Geschmack egal – Hauptsache satt". An dieser Stelle möchte ich auch noch mal erwähnen, dass das Geben von Trinkgeld in Restaurants und Cafés in Frankreich üblich ist. In gehobenen Restaurants kann es durchaus vorkommen, dass das Trinkgeld in die zu zahlende Gesamtsumme miteingerechnet ist. Ansonsten muss man ca. 10% des Preises als Trinkgeld hinzugeben.

Einige Waren in den Supermärkten sind ebenfalls teurer als bei uns in Deutschland. Und auch beim Kaffee trinken und Eis essen sollten Sie sich auf höhere Preise einstellen. In Frankreich ist es normal, wenn man für eine Kugel Eis 2,50 Euro bezahlt. Da

Montpellier und besonders Vororte wie Palavas im Vergleich relativ teuer sind, bezahlt man dort für eine Kugel Schokoladeneis schon mal 3 Euro. Doch lohnt es sich auf jeden Fall, dort Eis zu essen. Das Sortiment ist oft riesig und die Eiskugeln sind groß und äußerst schmackhaft.

Und auch die Raucher unter Ihnen sollten das Reisebudget etwas erhöhen, wenn Sie gedenken, in Frankreich Tabak oder Zigarren zu kaufen. Für eine Schachtel Marlboro zahlen Sie beispielsweise um die 9 Euro.

In Frankreich gibt es in jeder Fußgängerzone mehrere Toiletten, die Sie kostenlos nutzen können. Keine Sorge – dank eines automatischen Reinigungssystems sind diese auch immer sauber. Da dieses System aber für den einen oder anderen eventuell verwirrend sein kann, sollten Sie sich die Anleitung unbedingt genau anschauen und/ oder durchlesen. Ansonsten könnte es dazu kommen, dass Ihre Hose und die Füße durch das Reinigungswasser nass werden. Aus eigener Erfahrung kann ich Ihnen glaubhaft versichern, dass das echt unangenehm ist.

Wenn Sie die öffentlichen Verkehrsmittel in Montpellier nutzen möchten, sollten Sie unbedingt miteinplanen, dass die Busse ab 21 Uhr nicht mehr fahren. Die Bahnen fahren bis Mitternacht in die

Stadt. Tagsüber lohnt es sich auf jeden Fall, Bus und Bahn zu nutzen, da Montpelliers öffentliches Verkehrsnetz gut ausgebaut ist und man somit viele Orte stressfrei und gemütlich erreichen kann. Ein Ticket kostet ca. 1,50 Euro.

Ein weiterer Grund, die öffentlichen Verkehrsmittel anstelle des eigenen Autos zu benutzen, liegt darin, dass man mit dem Auto, besonders wenn es einen Dachgepäckträger hat, nur sehr schwer einen Parkplatz findet. Auch Fahrräder sind sehr hilfreich bei der Fortbewegung in Montpellier und können in den Mobile-Home-Campingplätzen und bei Velo Magg gemietet werden. Im Office de Tourisme am Place de la Comédie findet man einen Stadtplan mit Fahrradrouten, den man kostenfrei mitnehmen und nutzen kann.

Wenn Sie in den Souvenirläden etwas sehen, was Ihnen gefällt, dann kaufen Sie dies nicht gleich direkt im ersten Laden. Vielleicht gibt es einige Meter weiter einen Laden, der eben dieses Produkt auch anbietet, aber in besserer Qualität und zu einem günstigeren Preis. Das ist in den meisten Touristengegenden der Fall, nicht nur in Montpellier. Sollte Ihnen auf der Straße etwas zum Kauf angeboten werden, dann wägen Sie gut ab, ob Sie dies annehmen. Denn in Südfrankreich gibt es Menschen, die einen kleinen Wagen mit Eis und Getränken hinter sich herziehen und diese Dinge natürlich verkaufen wollen. Die Preise sind allerdings meist ziemlich hoch für die angebotene Qualität. Dennoch gibt es auch Personen, die lohnenswerte Produkte verkaufen. So holen Sie sich doch mal zum Beispiel einen sogenannten Beignet der Firma LouLou.

Vor allem an den Stränden läuft sehr oft ein Mann umher, der einen Kartonboden auf dem Kopf trägt und diese Beignets verkauft. Falls Sie sich jetzt fragen, was das denn eigentlich ist, kommt hier die Antwort: Beignets kann man mit den uns bekannten Berlinern vergleichen. Sie sind aber größer, mächtiger und haben andere Füllungen. Je nach Vorliebe und Auswahl können Sie zwischen Nutella, Apfel, Aprikose, Erdbeere oder Himbeere als Füllung entscheiden. Ein kleiner Tipp: Nach dem Genuss eines Beignets sollte man sich erst mal ein bisschen ausruhen. Direkt nach dem Verspeisen dieses mächtigen Gebäcks ins Wasser zu gehen ist nicht wirklich empfehlenswert.

Auch hinsichtlich der Sitzplätze am Strand habe ich einige Tipps für Sie. Setzen Sie sich am besten relativ weit nach vorne ans Wasser. Der Sand in den Dünen oder weiter hinten am Strand ist mitunter so heiß, dass man das Gefühl bekommt, die Fußsohlen schmelzen weg. Also gehen Sie weit nach vorne und statten Sie sich unbedingt mit Sonnenschirm und Sonnencreme aus. Die Sonne am Mittelmeer strahlt stärker, als man denkt und besonders, wenn man sich im reflektierenden Wasser befindet und dort den erfrischenden Wind spürt, bemerkt man die starken UV-Strahlen zunächst kaum.

Das passiert meist erst, wenn man sich dann doch einen Sonnenbrand geholt hat. Und wer möchte das im Urlaub schon? In diesem Zusammenhang kommt es natürlich auch darauf an, welcher Hauttyp Sie sind. Aber Sonnencreme ist meiner Meinung nach immer zu empfehlen. Auch Flip-Flops oder Schlappen können nicht verkehrt sein, da der heiße Sand wie gesagt einfach nur wehtut.

Nicht zu vergessen (und zu unterschätzen) ist natürlich auch die ausreichende Flüssigkeitszufuhr. Mein Tipp: Kaufen Sie sich mehrere Sixpacks mit Wasser, legen Sie diese ins Eisfach und wenn Sie zum Strand fahren, lagern Sie diese dann am besten in einer Kühlbox mit Eis-Akkus. So bleibt das Wasser auf jeden Fall genießbar und weder Sie noch Ihre Begleitungen dehydrieren. Kaufen Sie sich doch auch mal eine Dose Orangina, kühlen Sie diese und nehmen Sie die Dose dann mit zum Strand. Auch dieses Getränk ist ein wahrer Genuss bei den sommerlich heißen Temperaturen. Apropos Einkauf: In Frankreich haben die Läden meistens von 8.00 Uhr bis 20.30 Uhr geöffnet und das von montags bis sonntags. Sonntags weichen die Öffnungszeiten aber teilweise etwas ab. Es kann also sein, dass der ein oder andere Laden erst um 9.00 Uhr oder um 10.00 Uhr öffnet und um 14.00 Uhr schon wieder schließt. In der Regel sind die meisten Läden in der Saison aber von 8.00 Uhr bis 20.00 Uhr oder 20.30 Uhr geöffnet. Viele Museen und andere Einrichtungen haben am Wochenende geschlossen. Planen Sie weitere Fahrten, lohnt es sich, dass eigene Auto zu nutzen, da die öffentlichen Verkehrsmittel am Wochenende mitunter auch nur eingeschränkt fahren.

Was Sie auch wissen sollten ist, dass überall in Frankreich gewisse Sicherheitsstandards eingehalten werden müssen. Es ist üblich, dass Sie kontrolliert werden oder Ihren Rucksack vorne an der Rezeption oder an der Kasse zur Aufbewahrung abgeben müssen. Besonders bei großen Einkaufscentern gibt es Sicherheitsvorlagen, die wir aus deutschen Supermärkten oder Einkaufscentern nicht kennen.

Hier nun noch mal eine von mir persönlich erstellte Packliste mit einigen Empfehlungen:

Unbedingt einpacken müssen Sie Sonnencreme mit verschiedenen Lichtschutzfaktoren. Außerdem sollten Sie immer genügend Flüssigkeit dabeihaben. Auch ein Sonnenhut, eine Kappe und eine Sonnenbrille können nicht verkehrt sein. Des Weiteren sollten Sie Flip-Flops und nicht allzu kurze, locker sitzende, luftig Kleidung mitnehmen. So kommen Sie nicht zu sehr ins Schwitzen. Eine Jacke ist in der Regel nicht notwendig, dennoch kann ich Ihnen empfehlen, zumindest einen Hoodie oder einen Pullover mitzunehmen, da das Aussteigen auf einer Raststätte in Deutschland, Luxemburg, Frankreich und Belgien witterungsbedingt ziemlich kalt sein kann. Und selbstverständlich sollten Sie Ihren Fotoapparat nicht vergessen.

Auch ein Ball und ein Bodyboard für den Spaß am Strand sowie Sportschuhe und ein bis zwei Bücher sollten im Urlaubsgepäck nicht fehlen. Die Benutzung eines Bodyboards ist jedoch oft abhängig vom Wetter beziehungsweise vom Wellengang.

Außerdem sollten Sie stets eine Wetter-App parat haben, um zu schauen, wie das Wetter wird, damit Sie sich dementsprechend ausrüsten und einkleiden können. Es gibt Sommertage, an denen es „nur" 28 Grad Celsius warm ist, aber auch Tage, an denen das Thermometer stattliche 40 Grad Celsius anzeigt. Vielleicht kommt es Ihnen am Ende dieser Liste nun so vor, als bräuchten Sie noch zwei zusätzliche Koffer, um all die genannten Dinge einzupacken. Aber keine Sorge – das wird nicht passieren. Und letztendlich entscheiden Sie, welche Dinge aus der Liste Sie mitnehmen möchten. Meinerseits sind dies nur Empfehlungen für einen entspannten Urlaub.

Sollten Sie Ihre Reise mit dem Auto antreten, empfehle ich Ihnen ausreichend Proviant und einen gut durchgeplanten Zeitplan. Fahren Sie am besten spät am Abend gegen 22.00 Uhr los. Dadurch können Sie sich viel Stau in großen deutschen und französischen Städten ersparen. Besonders oft staut sich der Verkehr in Lyon und Avignon während der Mittagszeit. Gerade Lyon ist bekannt für seine Staus, da die Autobahn sozusagen mitten durch die Stadt führt.

Daher sollten Sie auch für die Rückfahrt genau planen, wann Sie in Frankreich losfahren. Denn wer steht schon gern in einem langen Stau? Und das auch noch in einer Ferienregion, in der die Temperaturen sehr hoch ansteigen. Das kann, wie die meisten von Ihnen sicherlich wissen, ziemlich unangenehm werden. Besonders, wenn die Sonne stark auf das Auto scheint und bei dem einen oder anderen Kopfschmerzen verursacht.

Auf der Strecke nach Montpellier können Sie außerdem Rast in vielen verschiedenen sehenswerten

Städten machen. Zu diesen zählen beispielsweise Lyon, Avignon, Luxemburg, Straßburg, Dijon oder Liège (zu Deutsch Lüttich), um nur einige zu nennen. Es kommt hier natürlich auch darauf an, aus welchem Teil Deutschlands sie kommen und welche Fahrstrecke sich für Sie anbietet.

Dennoch lohnt es sich ganz bestimmt, ein paar Tage einzuplanen, die man jeweils in einer anderen Stadt verbringt, um sich diese anzuschauen. So erweitert man den Horizont, lernt viel Neues kennen und sammelt gleichzeitig Kraft für die nächste Etappe der Reise. Es gibt so viel zu entdecken – ganz gleich, ob Kulinarisches, Kulturelles oder die Einheimischen und deren Geschichten. Besonders im Elsass und in Lothringen gibt es viele ältere Menschen, die einiges aus der Kriegs- oder Nachkriegszeit zu berichten haben.

Auch geschichtlich betrachtet findet man in Frankreich viele Orte, die etwas zu erzählen haben. Ein Beispiel ist die Stadt Avignon, die für eine gewisse Zeit in der Vergangenheit Papstresidenzstadt war. Auch Lyon, eine der größten Städte Frankreichs, ist sehr sehenswert. Im Hinblick auf die Architektur werden Sie sicherlich schnell einen Unterschied in den verschiedenen französischen Städten feststellen. Lyon beispielsweise sieht anders aus als

Dijon, die Stadt des Senfs. Außerdem hat Dijon aufgrund seiner Lage in der Bourgogne (zu Deutsch Burgund) eine besondere Geschichte vorzuweisen.

Somit kann man auf seiner Reise noch vieles mehr entdecken als nur den eigentlichen Urlaubsort. Versuchen Sie, die oben genannten Sachen zu beachten und die Tipps umzusetzen, natürlich immer angepasst an Ihre eigenen Bedürfnisse. Denn dann können Sie einen sehr schönen, erholsamen und erkenntnisreichen Urlaub in Frankreich verbringen.

Packliste

Geld & Finanzen

O (evtl.) Auslandswährung

O Bargeld

O Bauchtasche

O Brustbeutel

O Bauchtasche

O EC-Karte

O Kreditkarte

O Notfall-Telefonnummern der Banken

O Portmonee

Hygiene

O Haarbürste / Kamm

O Deo (klein)

O Shampoo

O Kulturtasche

O Sonnencreme

O Taschentücher

O Reise-Zahnbürste und Zahnpasta
O Verhütungsmittel

Kleidung

O Badeklamotten
O Gürtel
O Hosen kurz / lang
O Mütze / Cap / Hut
O Pullover
O Regenjacke
O Schlafanzug
O Socken
O Sonnenbrille
O Sportklamotten / Jogginghose
O T-Shirts
O Unterwäsche

Medikamente

O Blasenpflaster
O Anti-Durchfalltabletten
O Erste-Hilfe-Set

O Fiebertabletten

O Fiebertabletten

O Mückenschutz

O sonstige Medikamente

O Pflaster

O Kopfschmerztabletten

Unterlagen & Papiere

O ADAC Unterlagen

O Adresslisten für Postkarten

O Krankversicherungsnachweis

O Stadtplan

O Führerschein

O Unterlagen für die Unterkunft

O Wasserdichte Hülle für Reiseunterlagen

O Impfausweis

O Mietwagenunterlagen

O Personalausweis

O Reisepass

O Reisetagebuch

O evtl. Studentenausweis

O evtl. Visum
O Zug- / Bahn- / Flugticket

Taschen & Rucksäcke

O Koffer / Trolley / Reisetasche
O Regenhülle für Rucksack
O Rucksack

Schuhe

O Badeschlappen / Hausschuhe
O Schuhe und Wechselschuhe

Sonstiges

O Brille / Kontaktlinsen und Etui
O Buch zum Lesen
O Ohrenstöpsel und Schlafmaske
O Regenschirm
O Reisedecke
O Wasserflasche
O Wörterbuch

Elektronik

O Digitalkamera
O Handy
O Ladekabel
O Kopfhörer
O evtl. Steckdosenadapter
O Power-Bank

Herstellung und Verlag:

BoD – Books on Demand, Norderstedt

ISBN: 9783751976152

© Yvonne Weers 2020

1. Auflage

Kontakt: Psiana eCom UG/ Berumer Str. 44/ 26844 Jemgum

Covergestaltung: Fenna Larsson

Coverfoto: depositphotos.com